JN439596

달항아리의 푸른 눈동자

국립중앙도서관 출판예정도서목록(CIP)

달항아리의 푸른 눈동자 : 강달수 시집 / 지은이: 강달수. --
대전 : 지혜 : 애지, 2018
p. ; cm

2018년 부산광역시, 부산문화재단 지역문화예술특성화지원사
업으로 지원을 받았음
ISBN 979-11-5728-299-9 03810 : ₩10000

한국 현대시[韓國現代詩]

811.7-KDC6
895.715-DDC23 CIP2018030073

지혜사랑 190

달항아리의 푸른 눈동자

강달수

지혜

시인의 말

세상은 자유와 평화를 강조하지만 지금 전 세계는 테러와 전쟁의 화염 속에 불타오르고 있고, 현대 자본주의는 평등과 부의 분배를 외치지만, 빈부격차는 더 양극화되어 죽음보다 더 고통스러운 삶을 살아가는 사람들이 늘어만 가는 시대에 우리는 살고 있다. 이런 상황에서 우리 문학인들의 글쓰기도 그들의 아픔을 어루만져 주고 상처를 보듬어 줄 수 있는 생명의 글쓰기, 따뜻한 글쓰기가 무엇보다도 중요한 시대이다. 그런 점에서 요즘 새롭게 부각되고 있는 신 서정의 글들이 와 닿는 것도 그러한 연유에서 일 것이다. 시란 이 세상에서 가장 정갈한 영혼의 노래이기 때문이다. 필자 또한 그런 글쓰기를 계속해서 해 나갈 것이다. 능소화 꽃 활짝 핀 작년 어느 여름날 급작스럽게 우리들 곁을 떠나 별이 되신 어머님과, 어떤 상황에서도 항상 나를 믿고 응원해 주는 아내와 지은, 성욱에게 이 시집을 바친다.

2018년 10월 1일
강달수

차례

2부 그리움으로 흐르는 눈동자

3부 첫사랑, 신앙이 되다

4부 하얀 눈과 별의 발자국

5부 낙동강물은 죽어서 파도가 되고

• 일러두기
한 연이 첫 번째 행에서 시작될 때는 > 로 표시합니다.

1부

사막도 죽음도 다 운명이다

쌍봉낙타

낙타라고 목마르지 않은 것은 아니다
모래폭풍이 부는 사하라 사막
노을이 내 등위로 물 드는 사막길을
몇 백리 달려 도착한 오아시스
가죽에 물을 채운 후 왔던 길을 되돌아간다

오아시스를 찾지 못하면 잔인하게 인간들은
내 등에 갈무리된 물을 마시려고 혹을 베어낸다
평생 인간을 위해 걷고, 등에 무거운 짐을 실었지만
인간들은 우리에게 단백질과 수분 섭취를 위해
수시로 내 혹과 몸통을 요구한다

그렇지만 나는 사막도 죽음도 운명이라 생각한다
결코 두려워하지 않고 두 개의 혹으로
기꺼이 홀로 사막을 밤새 걸어간다
모두 다 깊은 잠에 빠진 밤이 오면,
차디찬 사막에 내리는 별빛을 밟으며,

잘근 잘근 긴 다리를 타고 올라오는
쓰디쓴 관절의 고통을 곱씹으며,
황량한 바람 부는 우리 속에서
못난 에미를 기다릴 어린 눈망울을 생각하며
아프고 지친 발걸음을 재촉한다.

마두금 산조

모래바람과 뜨거운 태양 밖에 없는,
황량한 몽골 고비사막
어미낙타에게서 수유를 거부당한
어린 낙타 한 마리가 게르 앞에서
애절하게 울고 있다

새끼에게 젖을 물리고 싶지만
내 생각과는 관계없이 잘 안돼
나에게 마두금 연주를 들려다오
마두금 소리를 듣고 흐르는
내 눈물은 절대로 닦지마라

나에게는 눈물도 사치이고
사막의 바람에 다 말라버렸지만
오늘은 왠지 눈물이 난다
대지를 적신 내 눈물은
바로 내 쓰리고 아픈 삶.

대설

큰 눈 내리는 날은 온 세상이 평등해 진다
세상의 모든 물체들, 살아 있거나 죽었거나
누가 시키지 않아도 하얀 옷을 입고
다소곳이 각자 제자리에 서서 묵상에 잠긴다

지상의 모든 물체들의 이름이 사라지고
오로지 흔적만 남는다
모든 것이 다 실루엣으로만 과거의 모습을 연상시키고
흔적으로만 기억을 더듬으며 옛날을 회고한다

큰 눈이 세상을 정복하면 겨울이 깊어지고
겨울이 깊은 세상에는 하얀 액자틀이 만들어지고
낯선 액자 속에서 그림처럼 눈발이 쏟아져 내린다
눈발들은 서로 껴안고 눈물을 흘리며 하얗게 녹아내린다

새들이 눈들을 향해 이제 액자 속으로
다시 돌아가도 좋다는 노래를 불러 준다
새들이 노래를 한 소절 한 소절 부를 때마다
눈들은 어깨를 들썩이며 더욱 서글프게 운다

눈들의 눈물이 흐르는 세상은
눈발처럼 쏟아져 내리는 햇살을 온몸으로 받아내며

가만히 봄을 기다린다
나도 왠지 마음이 무거우면서도 봄이 기다려진다.

괘종시계

내 생에 단 일보라도
후퇴는 없다
시간을 잘라먹고 사는 나는
앞만 보고 달려간다

사邪된 것은
내 앞에 얼쩡거리지 마라
융통성은 없을지라도
나는 정직하고 성실하다

제때에 꼬박꼬박
내가 노동한 대가만 밧데리로 채워주면
내 사전에
휴업이나 파업도 없다

그것이
쇠불알 단 사내로서
한 치의 치우침 없이 살고자 하는
내 신념이자 자존심이다.

자갈치 아지매

몽돌 많던 자갈치 남빈 해변에 자갈은 사라지고
고등어 등의 파도 문양 같은 주름, 이마에 매단
자갈치 아지매들만 남았다

병든 남편과 조막손 아이들 위해
비가 오나 눈이 오나, 추운 줄도 배고픈 줄도 모르는,
지글지글 고등어를 굽는 억측 같은 손들

소고*가 되지 못해 버림받은 작은 놈들,
벽파의 물결을 살결에 고스란히 간직한
고등어들은 비린내조차 고소하였다

숯불 위 적쇠처럼 모진 세월 견뎌온 인생
갈고*처럼 염장되어져 구워질 수 있다면
그렇게 고소해 질 수 있다면……

몸뻬 바지 속으로 출렁거리는 뱃살마저
갈고등어 기름진 뱃살처럼 쭈글쭈글한
자갈치 아지매의 눈가에 이슬이 맺힌다.

* 소고 : 300g 이상의 큰 고등어.
* 갈고 : 200g 미만의 새끼 고등어.

노량진 수산시장

남도가 고향인 사람들이
고향이 그립고 바다가 그리울 때
쪼르륵 파도처럼 달려가는 해변

판장에서 회를 뜨는 사내의 구릿빛 힘줄조차
비늘이 되어 은빛으로 춤추고
펄떡펄떡 고기만 보아도 배가 부른 곳

자본주의의 허방에 미소를 강탈당한
사람들의 눈물과 악다구니마저
수족관의 활어만큼이나 싱싱한,
건강한 삶으로 승화시켜 주는 파라다이스

호록호록 횟감들의 뼈와 살조차
고향 하늘에 빛나던 별이 되어 반짝이며
이방인을 위로해주는
노량진 수산시장.

공중전화의 독백

내 손을 한 번 따스하게 잡아 줄 사람 어디 없소
땟국물 줄줄 흐르는 동전을, 동의도 받지 않고
내 작은 입 속으로 쑥쑥 밀어 넣던 사람들은
다 어디로 갔단 말이오

덕지덕지 먼지가 묻은,
시커먼 손으로 내 손을 덥석 잡거나
알콜 냄새 풀풀 나는 입을
내 입술에 갖다 대고는

사랑하는 사람의 고운 목소리를 들을 수 있고
부모님의 안부를 물을 수 있어서 좋다던
그 허울 좋은 사람들은
다 어디로 갔단 말이오

작은 지붕이 있는 내 몸 속에서 비를 피하고
급하면 오줌까지 갈기던 취객도 있었지만
그 시절이 그립구려
그래도 그때는 사람냄새가 났었는데

손에 쏙 들어가는 깜찍한 놈들이 그렇게 좋소
하긴 천만화소로 사진도 찍을 수 있고

퍼뜩퍼뜩 움직이는 것도 볼 수도 있어 좋겠소만
시간 뺐기고 기둥뿌리 썩는 줄은 모르오?

보물섬, 미조 아리랑

봄, 미조항엔 에메랄드빛 바다 속을 유영하던
멸치떼가 군무를 춘다

그물 위를 톡톡 튀어오르며
어부들과 싸움이 한창인 은빛 비늘들
한때는 저 광활한 우주 은하의 한 무리였던
눈이 동그랗고 순한 작은 별들

한판 전쟁이 아닌
삶과 일생이 어디 있으랴

그물에서 반짝이는 영혼 다 털리고
비늘마저 다 던져 주고서야
리어카에 실려 판장으로 실려 가는
멸치들의 생존이 몸부림치는 전쟁터

온 세상을 싱싱한 비린내로 가득 채우는
한 바탕 멸치 축제가 막을 올린다

양은냄비에서 바짝 졸이고 졸인 멸치를
상추 쑥갓 된장에 버무린 맛의 향연
바닷가에서 펼쳐지는 은빛 비늘들의 날개들이
윤슬처럼 다가올 여름을 기다린다.

새와 곤충에게서 배운다

청령蜻蛉*은 결코 날개를 접지 않는다
잠들 때조차도 마찬가지
새들도 날개를 접을 수는 있어도
결코 후진하지는 않는다

하안을 따라 강 수면 위로 일정하게 저공비행하는
저 노랑부리백로의 우아한 자태를 보라
좌우 날개를 상하로 휘저어도
일정하고 한결같이 앞으로 나아가듯

인간도 멈출 수는 있을지라도
앞으로 계속 전진하여야 한다
낙하산이 존재하지 않는 삶
성공과 실패, 승패에 너무 연연하지 말고 의연하라

매미가 7년을 땅속에서 살다가
일주일을 햇살 찬란한 세상에서 죽도록 노래하다가도
시원하게 한 생을 마감하듯
인간도 떠날 때 미련 없이 떠나야 한다

불가능하다면 비울 줄 알고
가질 수 없다면 포기할 줄도 알고

버릴 줄도 알아야 한다
매미처럼 훌훌 털고 떠나야한다.

* 청령 : 잠자리목의 곤충을 통틀어 이르는 말.

국제시장 지게꾼

허구한 날, 비가 오나 눈이 오나
번쩍번쩍 태극기 뺏지를 단 녹색 베레모를 쓰고
세상의 모든 짐 지고 시장을 활보하는 사람

평생 하루도 쉬지 않고
낙타처럼 장바닥을 누비고 다녀도
아프다는 말 한 번 안해 본 아버지의 표상

고등어구이를 엄청 좋아하면서도
급한 성질머리, 죽어도 눈을 감지 않는 것과
온몸에 박힌 시퍼런 멍까지 자기 닮았다고

살은 발라 먹어도
눈을 부릅뜬 대가리는 절대 건드리지 않고
기름 한 방울 주입하지 않고도 잘도 달리는 환경 파수꾼

비록 땟국물 줄줄 흐르지만
병들고 찌든 지구를 지키는
그는 국제시장의 푸른 전사.

압력밥솥과 가마솥

한 놈은 숨구멍조차 막아 밥을 짓고
한 놈은 뜨거우면 고래처럼 지 혼자 뚜껑 열어젖히고
고래 고래 숨 쉬어 가며 밥짓는다

한 놈은 전기가 밥이고
한 놈은 장작불이나 톱밥이 밥이다

한 놈은 대리석이나 나무가 집이고
한 놈은 돌이나 흙으로 만든 아궁이가 집이다

한 놈은 욕망을 억누르고 참지만
한 놈은 스스럼없이 욕망을 분출해 내고
뜨거운 욕정을 쏟아 붇는다.

염부

햇볕과 바람으로 바닷물을 구우면
눈부시게 투명한 결정체
하얀 귀빈이 찾아 온다

땡볕에 제 몸을 말린
소금꽃 활짝 피면
대파질을 하고 외발 수레를 미는

염부의 목소리에도
윤기가 자르르 흐르고
얼굴에 흐벅진 미소가 넘친다.

인생이라는 그림

사랑만으로는 부족하고
미소와 기쁨만으로는
절대로 완성되지 않는 그림

대지가
꽃을 피워 올리거나
단풍을 곱게 물들이다가도

낙화나 낙엽마저
말없이
안아 주는 것처럼

아픔과 고통의 색도
때로는 채색하여야만
완성되는 그림.

황혼

함께할 수 있는
사람이 있다면

인생의 황혼은
부산 다대포 노을보다 아름답고,

지리산 피아골
단풍보다 더 곱다.

2부

그리움으로 흐르는 눈동자

만파식적

분황사에 쏟아져 내리는 달빛
그 달빛을 뚫고 흐르는 적요
어디선가 여인의 슬픈 목소리가 들린다

대왕암에 이르지 못한
해룡의 울부짖음
너무도 아픈 사랑

귀촉도 울음마저 끊어 버리는
분황사 종소리
동해 바닷물보다 푸른
감포 앞바다의 피리소리

저벅저벅
피리소리도 달빛을 밟고
대왕암으로 헤엄쳐 간다.

봄날

소녀야
봄비에 목련꽃 떨어진다고
슬퍼하지 마라

그 떨어진, 하얀 꽃잎 먹고
오월의 담벼락에
장미꽃 붉게 피어난다.

타지마할, 그 영원한 사랑을 위하여!

눈 덮힌 타지마할 위로 달이 떠오른다
하얀 달밤, 한 떨기 백합꽃으로 피어난 그리움
아라성에 올라 바라보는 타지마할
억겁의 사랑, 바람이 시리다

붉은 성에 유폐되어
죽는 날까지 타지마할을 그리워하다가
야무나 강물처럼 흘러간 샤자한이여
어둠이 밀려오는 순결한 궁전에 촛불을 켜라

불꽃같았지만 영원한 사랑
샤자한의 눈물이 각인된 궁전 대리석에
무굴제국 황제의 절규 같은
백합꽃이 피어난다

사랑아!
죽어서라도 네 곁으로 갈 수 있다면
내 삶의
슬픔과 고통은 아무것도 아니야

타지마할, 석양이 물든 야무나 강물처럼
결코 마르지 않는 사랑을 찬양하노라

평생 이지러지지 않는 달이 되고
영원히 지지 않는 별이 되어라!

내 어렸을 적에
— 다천리

내 어렸을 적, 차밭이 있던 마을 시냇가
매미 소리가 우루루 쏟아져 내리던
어느 여름날

햇살이 냇물을 간질이며 웃자
집게발을 치켜들고 싸우던 가재 두마리가
은어들이 그렇게 말려도 멈추지 않던
쌈박질을 멈추고 큰 눈을 껌뻑거리며
흰 구름 떠 있는 하늘을 보며 햇살처럼 웃는다

나는 시냇가 돌틈에서
조막손 타는 줄도 모르고
깊은 낮잠에 빠져들었다

그래도 그때는 나를 부르는 목소리가 있었고
따뜻한 고봉밥 해놓고 기다리던 어머님과
새끼줄에 수박 매달아 놓고 나를 기다리던 우물이 있었다.

폐교

모네의 정원처럼 정갈한 고요
낡은 거미줄 위에 춤추는 햇살
세종대왕, 이순신 장군
오래된 동상들이 장승처럼 서 있는 곳

바람도 느릿느릿 걸어가는 빈 운동장
소멸이 생성해 놓은 적막감이
흑백사진 속의 눈동자처럼
가슴에 들어와 올망졸망 자리를 잡는다

금방이라도 교실문을 박차고
운동장으로 뛰어나올 것 같은 조무래기들의
밤톨 같은 발소리
때 묻지 않은 함성

늙고 비루먹은 플라타너스 나무들
고사찰의 부도처럼 줄지어 서서
우두망찰
봄을 지키고 있다.

여름, 김민부전망대

부산 앞 바다가 시원하게 펼쳐진
여름, 김민부전망대에 가면

님의 미소 같은
백일홍이 피어나고

사라사테의 무곡
지고이네르바이젠 노래소리가 들린다

노을 속에서 춤을 추는 나비와
길 잃은, 도시의 집시들

풋풋한 달과 향기로운 별이 떠오르는
김민부전망대에 여름 맛보러 가자.

동백꽃 시인 김민부

한국의 네루다
그는 동백꽃이었다
31번 피고 진,

떨어지고 나서 더욱 눈부신 꽃
낙화 후에도 결코 식지 않았던
붉은 꽃잎의 영광과 상처

동굴 속 고드름 같았던,
그의 시린 눈동자와 슬픈 목소리를
나는 사랑한다

자본주의의 냉기에 싸늘하게 식어버린,
고독한 별에 착종한 안타까운 영혼
동백의 시선은 늘 젖어 있었다.

김민부와 별

별은 지거나 사라지는 존재가 아니다
또한 별은
우리들 시야에 인식된 시간의 길이에 따라
그 조도의 밝기가 정해지거나
소중함이 줄어 들지 않는다

김민부 선생 또한
비록 짧은 생을 마감하셨지만
우주를 지키는 별이 되었다
우리들 가슴에 영원히 빛나는
별이 되었다.

화가 이중섭

노을을 등지고 서있는 황소나
그 황소를 그린 화가나
눈망울이 너무 붉어 슬프다

6·25동란, 원산에 두고 온 어머님
가난 때문에 일본으로 보낸 아내
걸칠 것도 없어 벌거벗은 두 아들의 얼굴이
슬픈 눈동자의 눈물 속에 아른거린다

밥 대신 먹을 수밖에 없었던
게의 영혼을 달래기 위해
제주도에서 그린, 아내와 자식들 그림 속에는
늘 게가 함께 뛰놀고 있다

헐벗고 굶주렸지만 미소가 가득 담겨 있는
그림속의 얼굴들
그림을 그린, 퀭한 눈빛과 마른 얼굴의
콧수염 아저씨도 말없이 웃고 있다.

다꼬 시인, 임수생

— 고 松人 임수생 회장님의 명복을 빌며

이 세상의 주인은 국민이고
모든 권력은 국민으로부터 나온다꼬
아무리 자기가 잘났다고 큰소리쳐도
결국 모든 국민은 국민으로 돌아가고
자연으로 돌아간다꼬

인생이 긴 것 같아도, 지나고 나면
훅 한번 불면 사라지는 연기같다꼬
시인이 시를 잘 쓰는 것도 중요하지만
먼저 인간이 되어야 하고, 정신이 중요하다꼬
시에 담긴 혁명과 실천정신이 더 중요하다꼬

평생 혁명정신으로 올곧고 꼿꼿하게 살아오셨지만,
폐암 세포 앞에서는 그 힘찬 기상 한 번 펼치지 못하시고
금정산 꽃 노을로 소천하신 시인
약주 한 잔 하셔서 기분 좋아지시면
다꼬다꼬 하시다가 찔레꽃노래를 구성지게 부르던 시인

하이네의 '너는 한 떨기 꽃과 같이'를 성경처럼 암송하시고
이형기의 '낙화'를 논하시며
목울대를 세우던 시인
이젠 진보도 보수도, 좌도 우도 ,

가진 자도 가난한 자도, 자유도 구속도,
구분 없는 곳에서 편히 쉬소서!

이인영 시인을 추모하며

영주동에서 출발하여 남포역으로 향한
달팽이처럼 느리게 걷던 전차는
자갈치해변에서 파도와 만나
이리저리 휩쓸리고 흔들리는 전마선이 되었다

서슬 퍼런 유신정권
구둣방골목 통금과도 관계없고
하나님과 어머님과 신옥진 시인이 백의 전부였던,
길고 바싹 말랐던, 작은 배는

작지만 전마선에게 파도를 막아주던
어머니라는 큰 배 옆에서
파도도 없던 날 난파되었다가
닷새 만에 발견되어 예인되었다.

을숙도 대교

낙동강물이 흐르는 을숙도 대교 위에 서서
강물처럼 흘러가버린 한 소녀를 생각한다

강물은 왜 바다로 흘러가야 하고
사랑도 왜 영원하지 못하고 떠나야 하는가

사랑아, 생각하면 눈물나는 사랑아
강물처럼 세월처럼 흘러가지 말고

저 철새처럼 물결을 거슬러
너와 함께 했고 네가 떠난 그 자리에,

갈대처럼 계절도 잊고 망부석처럼 서 있는
내게로 돌아오라

내생에 처음으로 키스를 선물받은 그 크리스마스 이브처럼
꿈같고 희망 같은 종소리 울리며 오라!

에밀레종

눈물로 빚은 천년의 울림
국가도 외면해 버린 보릿고개
민초들의 허기로 조각된 눈동자

정녕 백성을 사랑한다면
님아! 너의 차진 여운이라도
가래떡처럼 먹게 해다오

한 줌의 물과 하얀 쌀밥 한 숟갈도
먹지 못한 쓸쓸한 영혼들이
너의 전율에 실려 날아가

첨성대에서 천년 고도의 별을 보고
대왕암이 보이는 동해 해변에서
만파식적 소리를 들을 수 있게 해 다오.

광안리 풍경

하늘이 그리운 파도는
광안리 바다 위에
천국으로 가는 층계를 만들었다

천국의 계단을 오르던 파도는
차마 정든 광안리를 떠나기가 아쉬워
다리를 만들어 거기까지만 오르기로 했다

별들이 그런 마음을 아는지
광안대교에 별빛 총총 매달아
파도를 위로하고

별빛 사이에 박힌 불빛들도
자동차들을 점점이
끌고 다니며 춤을 춘다

청춘의 물결이
파도처럼 끝없이 출렁거리는,
밤이 깊어가는 광안리 해변

길 잃은 나비 한 마리가
세계맥주 전문점 앞에 드러누워
우두커니 바다를 바라보고 있다.

가을 상주해수욕장, 한 곡의 노래가 되다

불쑥 청춘의 물결 문양을 따라 남해 상주 해수욕장에 왔다 솔숲처럼 싱그럽고 아름다운 청춘이었다 참 순결한 시절이었고 영혼들이었음을 기억한다 부푼 심장으로 꿈을 노래하고 설익은 사랑을 불태우던 시간들이 바람을 붙들고 백사장으로 걸어와 말을 건넨다 방파제와 파도도 말을 건넨다 가을바람에 몸을 헹구고 방파제에 기댄 푸른 파도가 노래를 불러준다 섬에 걸린 붉은 노을이 청춘이 불타던 기억들을 다독이며 저녁 땅거미가 되어 상주해수욕장 백사장을 떠돌고 해변에 잔뜩 웅크린 외로움은 우중충한 구름으로 흐려 있다 철지난 바닷가 짧은 치마를 입고 립스틱을 짙게 바른 여자애들의 웃음소리가 해변을 감싼다 갑자기 젊은 시절 사라져간 친구들을 떠올리며 짧은 편지를 쓴다 사내가 소나무가 되어 우두커니 서 있는 송림 숲속으로 어둠이 절룩거리며 걸어온다 차가운 밤바람은 슬픔처럼 목울대를 푹 적시고 암울했던 80년대 초반, 그 시절처럼 젓가락 두들기며 숲속에서 가을의 노래를 부른다 눈가에 잔주름 가득하고 너덜너덜하고 남루해진 영혼이 맑고 고운 모래가 휩쓸려간 거친 모래밭에 앉아 추억의 등불을 켠다 굶주리고 고통스러웠지만 참 따스하고 해맑고 풋풋한 시절이었다.

3부

첫사랑, 신앙이 되다

첫눈

나는 이렇게
포근하면서도

누군가가 그리워
몸부림치게 만드는
꽃을

단 한 번도
본 적이 없다.

진달래꽃

얼마나 서럽게 그리우면
붉은 눈물이 되었을까?

얼마나 아린 사랑이었으면
처절한 덤불로 피어날까?

얼마나 심장에 못 박히고
죽도록 보고팠으면

쌓인 눈길 헤치고
해마다 봄이면 찾아올까?

사랑아, 진달래꽃 사랑아!
내 진정 사랑한 소녀가 좋아했던 꽃.

오동도 동백꽃

여수 오동도
하얀
춘설春雪이 쌓인
바닷가 절벽

사랑처럼
절정에서
툭
떨어져 내리는 꽃

바람만 불어도
눈물이 그렁그렁한 소녀의
여리고 붉은
초경 같은 꽃.

봄, 송정역

봄은 바람이 되어, 푸른 하늘 열리는
철길 위로 기차처럼 달려오는가
봄은 파도가 되어 진달래 핀 철길 따라
꿈처럼 출렁거리며 다가오는가

지금 어디에서 무엇을 하고 있는지
이제는 곱디 고운 추억으로만 남아
해마다 진달래꽃 피는 봄이 오면
내게로 달려오는 소녀야

폐쇄된 철길 옆
이 몸서리치도록 화사하고 죽음보다 깊은
진달래꽃 덤불의 정적 속에서
너의 이름을 부른다.

자작나무의 눈

추위와 눈을 좋아하는
너는 겨울에 참 잘 어울린다

눈이 그리워서 그런지
늘 하얀 옷을 입고 서 있는 너는

시베리아가 고향이라서 그런지
몸집은 작지만 키는 참 크다

스스로 가지를 떨굴 때마다
하나의 눈동자가 생긴다

하늘소에게 자양분 다 내어주고
빠져나갈 구멍까지 터주던 너는

어느 눈 오는 날 소리 없이 스러져
자작자작 자신을 태워 겨울 아랫목을 뎁힌다

사람도 나무가 될 수 있다면
한번쯤 되어보고 싶은 나무.

달개비꽃

얼마나 외로운 지
날개까지 시퍼렇게 멍든 나비와의
고작 반나절의 화려한 추억

담벼락 밑 닭장 옆에
마디마디 파랑나비꽃이 피었다

구름 한 점 없는 봄 하늘
문풍지처럼 바르르
전율하듯 내게 다가와

내 가슴에 푸른 잉크처럼 번지고 간
파랑 나비와의 운명적인 사랑.

눈 내리는 밤에, 혼자

산골마을에 눈이 내린다

세상이 모두 눈 속에 파 묻혔는데도
푹푹 끝없이 눈이 내려 쌓인다
처마까지 눈이 쌓여 꼼짝달싹 못하는
산골 초가집

호롱불이 켜진 창호 문 속에
군 입대 전에 소년을 떠나간
눈이 그윽했던 소녀 생각도 자꾸 내려 쌓이고
이제는 지천명을 넘긴 소년은

하얀 눈물처럼 가슴에 얼룩진
첫사랑 소녀에 대한 그리움을
눈 내리는 풍경처럼 잔잔하게 켜놓고
하얗게 잠이 들었다

눈 내리는 밤에, 혼자.

화엄사 홍매화 1

겨우내 견뎌온 고결한 기품
여인은 붉은 향기를 내품으며
이른 봄 내게로 왔다

이승에서 못다 한 사랑
떠나간 자의 눈물로 피어난 꽃
남은 자도 죽어 휘파람새 되어 홍매화 곁에 머문다

화엄사 각황전에서
홍매화를 보며 수줍게 웃던
첫사랑 소녀야!

석탑과 석등의 이끼
구층암으로 가는 대숲 오솔길
처마 밑 풍경소리 그대로인데

너는 지금 어디에
나는 지금 어디에서 무엇을…….
나도 죽어 휘파람새 될까

눈 내린 홍매화나무 줄기에 앉은
동박새 한 마리
먼 하늘을 바라보고 있다.

화엄사 홍매화 2

화엄사 대웅전
비로자나불 앞에 서면
문득 떠오르는, 붉은 그리움

지리산의 한기도 막을 수 없고
폭설로도 숨길 수 없는,
별똥별이 새긴 붉은 문신

구층암으로 가는 오솔길 초입
눈바람 속에서도 푸른 향기를 잃지 않고
기품 있는 봄으로 깨어난 넋

섬진강 푸른 강물 따라
아득히 사라져간 소녀 생각하며
올 봄 홍매화 한그루 심었습니다.

화엄사 홍매화 3

화엄사 각황전 앞
홍매화 꽃 피면 만나자던 가냘픈 약속
올 봄 홍매화 활짝 피어
꿈처럼 환한 모습으로 웃고 있지만

기다리는 소녀는 오지 않고
안타까운 종소리만 울려 퍼진다

땅거미 속에 석등처럼 서서
일주문을 바라보는
소년의 눈동자가 종소리처럼 흔들리다가
노을 속으로 사라진다.

첫사랑

누군가 1982년 봄
내 작은 산에 방화를 하였고
그 불탄 자리에
진달래꽃이
붉게 피어났다

올 봄에도 진달래꽃은
여전히 붉게 피어났다
세월은 내 몸을 갉아 먹었지만
그 첫사랑 소녀의
이름은 지우지 못했다.

4부

하얀 눈과 별의 발자국

달항아리의 푸른 눈동자

목련꽃이 정물처럼 그려진 봄 밤

칠흙 같은 세상, 환하고 훈훈하게 살고
모나고 비뚤어진 세상
둥글고 부드럽게 살아가라고
산과 들 위에 두둥실 떠오른 보름달

생명을 불어 넣은 백토 한 덩어리
달밤에 활활, 장작불 가마솥에 구워
봄이 무르익는 지상에 하사한
하느님의 선물

달빛처럼 환하고 토실토실한 그리움
하얀 살결위에 채색해 놓고
수줍게 벌어진 입술마저도 고귀한
백의민족의 순결

달항아리의 푸른 눈동자.

봄 비

양산 원동
안개 낀 신흥사에
봄비가 내린다

약숫물 위로 뚝뚝 떨어지고
절간 마당에 핀
금낭화에 내리던 봄비가

대광전으로 향한
돌계단을 올라가는
등 굽은 스님을 따라 걸어 간다.

피아골 단풍

지리산 피아골 단풍이
처녀애 속옷처럼
울긋불긋 귓전을 울린다

바람에 떨어지는
저 초경의 생리혈 같은 핏덩이들이
대지를 향해 방아쇠를 당긴다

붉은 입술을 헐겁게 열고
밤꽃 향기처럼 독한 향내를 내품는
가을의 진리품들이

우짜꼬
행락객들의 발에 밟혀
가을비와 함께 서럽게 운다.

바다 1
— 화가 전미경

바다가 좋아, 바다만 그리는
화가 전미경
바다가 좋아, 바다 옆에 살며
줄창 바다만 바라보며
바다시만 쓰는 시인

둘은 미쳤다 바다에
둘은 닮았다
그런데 진작 둘은
서로 잘 모른다

왜냐하면 바다시를 즐겨 쓰는 시인이
어느 전시회에 참석하여
한 바다 그림 앞에서 발걸음이 멈추었는데,
그날 사회자가 그 바다 그림에 대한
작품 설명하는 것을 듣고 그 화가를 알았기 때문이다.

바다 2

파도는 바다의 입
바다는 파도를 통해 말하고
파도의 발톱으로 속내를 드러낸다

그러나 백사장은 안다
바다나 파도의 속살은
한 없이 여리고 부드럽다는 것을

등대와 해변의 가로등도
그런 바다와 파도가 안스러워
늘 표정이라도 밝게 지으라고 웃어 준다

해와 달과 별도 마찬가지
낮이나 밤이나 바다와 파도를 위해
무균질의 살과 빛을 포장도 없이 선물한다.

파도

너는 비오는 날
더 생기발랄하여 좋다

방울방울 떨어지는 빗방울
포근히 안아 동행하고

해변에 부서지는 가슴
부여잡고 흐르는,

푸르디푸른 눈물
감출 줄 알아서 좋다.

보름달

보름날 하늘에
내 님이 방글방글

연못 속에도
내 님이 방글방글

그 사랑을 질투한
청개구리 한 마리

연못 속으로 풍덩
내 님의 얼굴을 흩어 놓네!

아랑 아랑 아랑아리랑

죽음으로 정절을 지킨
아랑 아랑 아리랑
아랑아리랑

남천강변 대숲에서
하얀 나비로 부활한,

영남루 아래
돌 속에 꽃으로 피어난,

아리 아리 아리랑
아랑 아랑 아리랑

아랑아리랑.

함박눈

떨어질 운명인 줄 알고도
황홀하게 물 드는
단풍의 손짓이 장엄하듯,

녹아내릴 줄 알면서도
맹렬히 지상으로 달려드는
함박눈의 질주도 처연하다

누군가를, 무언가를 기다리다 지친,
도로 위로 쏟아져 내리는
달콤한 햇살에 가려진 절망
단풍처럼 내 몸과 마음을 물들이고
함박눈처럼 내 가슴을 파고 들던 사랑이
지금 떠나갈 채비를 하고 있다

꽃처럼 떨어지는 낙엽과 함박눈
꼭 떠나가야 한다면 시원하게 보내 주마
대신 떠나려면 뒤돌아보지 말고 말없이 떠나라
겨울을 향해 내달리는 차가운 길
눈발에 당신과의 사랑이 파묻히더라도
내 서글픈 청춘과 첫사랑을 위해.

겨울이 떠난 자리

겨울이 떠난 자리에
하얀 눈과 별의 발자국이 남았다

인간세상이 궁금한 별들의
눈 내리는 밤의 산책

미처 우주로 날아가지 못한 별들은
꼬맹이들의 눈에 들어가

반짝 반짝 빛나는
검은 눈동자가 되었다.

청도 운문사

여승의 염불소리가
산새 울음이 되고

붉은 소나무가 백년의 그림자로
속세의 피로를 씻어주고

종소리마저 침묵으로 번지는
절대 고독의 녹색 공간.

장방폭포

거대한 물줄기로 장구히 흘러왔지만
바위아래로 한 방울도 남김없이 다 쏟아버리고
해수와 마주하는 저 정갈한 입맞춤

단 한번 단애에서의 낙하로
모든 것을 다 털어버리고
바다가 되는 저 장쾌한 기개

땡볕의 앙칼진 칼춤도 단칼에 녹여 버리는,
처절한 몸부림의 절규
앙칼진 목소리의 침묵, 장방 폭포.

붉은 포도밭

— 고흐

생고타르산맥
빙하가 흐르는 론강 기슭
안개에 갇힌 에펠탑에서 벗어나
새로운 빛을 찾아 나선
세기의 방랑자

연초록 하늘아래
석양이 붉게 물든 포도밭

허리 숙여 일하는
일꾼들의 얼굴에서
희망의 빛을 발견한
애꾸눈 별 하나
유성처럼 반짝이다가 별똥별로 사라지다.

쪽

가을 햇살에
감 익는 소리 들리는,
푸른 마당 한 가운데
하늘빛 닮은
광목 걸어 놓고

바람에
쪽빛 광목천
파도처럼 푸르게 출렁거리는
마당귀에 앉은
염부가 푸르게 웃는다.

5부

낙동강물은 죽어서 파도가 되고

어촌다방

바다가 매립 되어 냉동공장이 들어선 곳의 옆에 선
감천 어촌다방

손님은 한 사람도 찾아 볼 수 없고
파리 몇 마리와 노을만
낡은 탁자와 주방을 지킨다

볼우물 활짝 웃고 긴 생머리 흔들며,
모닝커피 한 잔 사주라던
민군의 웃음소리도 사라진 다방

노을만 그림자를 길게 드리우고 있다가
조용히 밖으로 나와 ㄴ 받침이 떨어져 나간
어초다방 간판 한 번 쳐다보고

비린내 나는 도시의 호리병속으로
어초에 걸린 물고기처럼 쓸쓸히 걸어간다.

가난, 감천 문화마을 계단에 쓰다

하늘마루로 가는 계단 오를 때마다
공동어시장 운반원 김씨의 몸에서는
오독오독 관절 으스러지는 소리가 났다

한평생, 바다에서 건져올린 선어들을
얼음 채운 리어카로 실어 나른다고
푸른 멍으로 얼룩진 삶

담벼락에 핀 장미꽃마저도 외면하던 가난은
감천앞바다 파도처럼 출렁거리며
비린내 나는 육신에 늘 시퍼런 상처로 남았다

푸른 멍들이
심장까지 뿌리를 내려
김씨가 하늘나라로 떠나가던 날

그의 곁에 남아있던 옅은 빛까지
야금야금 갉아먹던 어둠이
내 몸속에서도 칼춤을 추기 시작하였다.

감천 문화마을 1

늘 목을 빼서 누군가를 기다리고 있는
마추픽추 골목길은 그리움이다
사랑을 잃어버린 소녀처럼
언제나 쓸쓸한 뒷모습을 하고 있는 길

유년시절 석류가 붉게 익은 황혼의 돌담 아래에서
청춘시절, 눈 오는 날 전봇대 앞에서
어머님과 첫사랑 소녀가
나를 기다리던, 추억의 길

막걸리와 연탄가스에 취한 항운노조원들이
힘없이 비틀거리기도, 토하기도 하던 길이지만
또 언제 그랬느냐는 듯이 다시 향긋한 사람냄새가
똥 과자 연기처럼 솔솔 피어오르는 길

올망졸망 꽃 그릇속에 핀 국화꽃과
조막손만한 햇볕까지 오순도순 나누고
황구가 컹컹 짖는 소리조차 정겨운
할매 어묵집조차 정물이 되어 우리를 반겨주는

영원한 그리움의 길, 마추픽추!

감천 문화마을 2

목욕탕 할아버지의 주름살 같이 꼬불꼬불한
미로미로迷路迷路 가 춤을 추고
골짝마다 눈물이 고여 마을을 이룬,
한국의 발파라이소

감내 사람들이 한 발 한 발
발자국으로 찍어 완성한,
대한민국에서 가장 아름다운 지도
감천 문화마을 택리지

얼기설기 전선줄과 후줄근한 빨래도
지도의 격자와 눈금이 되고
빛바랜 빨래집게처럼 낡았지만 반들반들
윤기 나는 사람들이 모여 사는 마을

물고기가 된 시어詩語들이 벽에 매달려
바람에 펄럭거리는 그곳엔
인조人鳥들과 어린 왕자가 빼꼼
고개를 내밀어 행인을 기다린다

목판에 절첩식 판화를 찍고
천국의 골짜기에서 돌아 나오는 길

저마다 가슴에 푸른 스탬프를 하나씩 찍어
도시 재생 인문지리서를 완성한다.

감천 문화마을 3

감천 문화마을엔
옹기종기 별들이 모여 산다

별들이 둥지를 튼 그곳엔
엷은 미소들이 별자리를 만들고
뼛속까지 정갈한 영혼을 가진 별들이
단물이 줄줄흐르는 계곡
푸른 물고기가 되어 길을 따라 유영한다

수산물 도매시장에 다니는 항운노조원
어묵공장에 다니는 영희엄마
돈이 없어 수학여행을 떠나지 못한 소녀
별똥별을 타고 돌아올 공주를 기다리는 어린왕자
키다리 할매가 돌아가신 줄도 모르고
빈집을 지키는 멍멍이와

다리를 다친 엄마 고니를 두고
시베리아로 떠나는 어린고니가
문화마을 상공을 날으며 흘린 눈물도
어스럼 저녁 푸르뎅뎅 창가에서
고단힌 육신을 잠재우며 별이 되었다

>

감천 문화마을의 모든 살아 숨 쉬는 것은
살아서 별이었고 죽어서도 별이었다.

겨울 을숙도

10년 만에 펑펑
폭설이 쏟아져 내리다 그친
물 맑고 새 아름다운 섬, 을숙도

여름 철새가 떠난,
텅 빈 둥지에
눈처럼 하얀 달빛이 고이면

식은 몸을 비비는 갈대들이
둥지를 떠나간 새들의
이름을 부르며 운다.

낙동강 애가

황지에서 출생하여
청운의 큰 뜻을 품고
자신을 채찍질하며 달렸다
평생을 강물로 흐르다가
다대포에 이르렀다
비록 이제부터는 내 이름도 상실하고
내 육신도 바다에 희석되고 통합되겠지만
강물로 흘러 흘러 흐르는 순간이 매순간 행복이었다
결코 나는 뒤돌아 보거나
한눈 팔지 않고 앞만보고 묵묵히 달렸다

하구에 이르러 잠시 발걸음을 멈추고
"비록 융통성은 없었을지언정
나는 상황에 휘둘리기 보다는
강물이라는 본질에 충실하기 위해 노력하였다"라고
말하며 세상을 바라보는
낙동강의 시선이 흐르고 뒷모습이 처연하다
하지만 강으로서 나의 정체성은 여기서 종식되지 않고
강을 넘어 바다의 몸으로
현해탄을 건너 태평양으로 나아가리
내 머리 위에 물들고 있는
명지로 건너가고 있는 하구의

저 꽃노을은 나를 기억할 것이다

강의 한 많은 꿈과 역사를
바다도 기억하고 간직할 것이다
나를 이정표 삼아 힘차게 헤엄치며
하구로 달려오는 수류들의 가슴속에도
내 영혼이 살아 숨쉬고 있을 것을 알기에
나는 값싼 눈물방울 대신
미련없고 홀가분한 발걸음으로 태평양으로 떠난다
먼 훗날 단 한 사람이라도
내 이름을 기억하고 조각난 내 영혼이 생각나면
하구의 강둑이나 모래톱에 서서
내 이름을 한 번 크게 불러다오

그리움이 물이랑처럼 솟구쳐 오르는 강
낙동강!

하단오일장 뻥튀기 아저씨

2일과 5일에 열리는
하단오일장 초입
장날, 뻥튀기 아저씨가
자전거를 타고 횡단보도를 건너간다

옥수수 감자 보리
보따리 보따리 싸서
뻥튀기 기계 앞에 줄지어 서 있을
할머니들 생각에

뻥튀기 아저씨의 하얀 미소가
자전거 바퀴처럼
우르르 우르르 은행잎을 매달고
신나게 장터로 달려간다.

오! 낙동강아

천고무변의 바람
강물에 부딪혀 반짝이는 햇살까지
정의롭게 느껴지는 강

사람답게 살아가라는 요산의 외침이
깃발처럼 펄럭이는 섬 곁으로
도도히 낙동강이 물결쳐 흐른다

전인미답의 비경이여
불멸의 모래톱이여, 외로움의 표상 억새여,
천년을 삼킨 침묵의 절규여

세상사 모든 구린 것들을 삼키고도
쓰다 달다 말 한마디 없이 묵묵히
천년을 삼키고 인내해 온 민중의 표상이여

하구언 둑으로 막힌, 답답한 가슴을
철새가 눈물로 다독인다
오! 낙동강아.

겨울 다대포해변, 그리움 1

겨울, 다대포해변에서
가슴을 활짝 열고 망망대해를 바라본다
수평선 근처에서
철새와 노을이 시간을 감아올리고 있다

칼날같은 바람 속에서도 꿋꿋이 일어나는 물비늘들
겨울 바다를 간질이며 춤을 춘다
종종 사는 것이 힘들고 답답할 때
다대포해변과 몰운대를 한바퀴 돈다

나처럼 바닷가에서 태어나 잔뼈가 굵은 사람들은
늘 그렇게 바다를 그리워하면서 살아가는 것일까
때론 그 그리움이 시퍼런 칼날이 되어
내 고독한 가슴을 찌르기도 하고
쓸쓸한 겨울 잔상을 사정없이 잘라낸다

고개를 들어 몰운대를 본다
그렇게 푸르던 잎 다 떨어뜨리고
앙상한 가지만 간직하고 그것도 모자라
구름에 쌓인 채 긴 휴식을 취하고 있는 겨울 몰운대

한 줄기 명주바람이 불 때마다

몰운대는 올망졸망 갯바위와
구불구불한 오솔길을
다대 앞바다에 풀어 놓는다.

겨울 다대포해변, 그리움 2

겨울 다대포해변
바람을 등에 업은 파도가
해변에 다가와 진한 애무를 할 때마다
해변에는 아름다운 무늬가 생겨난다

오로지 파도의 해변을 향한 사랑으로 쌓아올린
황홀하고 기하학적인 해변의 문양
시간은 속절없이 흘러 땅거미가 밀려오는
하루를 갈무리하는 시간

다가올 내일을 기다리며
파도의 설레임의 몸짓은 계속되어
겨울 다대해변은
그리움과 사랑의 향취로 가득하다

차갑고 쓸쓸한
이 밤이 지나가면
내일 아침 다대해변엔
다시 새봄이 푸르게 움틀 것이다.

낙동강물의 속살

을숙도에서 하구로 흘러가는
여울지는 은빛 물결을 바라본다
햇살에 반짝이며 사라지는 강물의 시린 살결들
눈으로 더듬으며 따라간다
참 눈물겨운 봄날의 오후다

어디론가 떠나가거나 사라져 가는 것들은
아득하고 처연하다
떠날 수 없거나 사라질 수도 없는 자는
더욱 아득하고 처연하다
저 봄바람에 너울거리며 떠나가는 강물들

하구의 강물 위에 반짝이다 사라지는 슬픔들
흐르고 흐르다 바다에 이르면
또다른 이름의 파도나 바닷물이 되어
먼 태평양 어느 국가의 낯선 마을에 닿아
해변의 눈빛과 모래알 하나에도
문득 떠나온 낙동강 하구의 강마을이 생각나고
그리움으로 흐르는 눈동자 속으로 다가오는
아득해진 작은 섬 이름을 부르며

술 한 잔에도 쉽게 흔들리고 쓸쓸해지는,

여리디 여린 영혼으로 부서지는
물결 위 윤슬로 반짝거리다 사라지는 햇살을 바라보며
옥빛으로 물든 바다 위
잔잔하게 흔들리는 파도의 살결을 어루만진다.

여름 다대포

여름 해변에 서면
파도치는 다대포바다 앞에 서면
백사장 가장자리 개펄 구멍에서
빠져 나오는 게처럼

햇살과 바람 파도에 심신을 맡기고
모든 것을 벗어 던져 버린
맑고 투명한 사람들이
꼬물꼬물 허물을 벗는다

별똥별도 떨어져 유영하는
몰운대 앞 바다에 밤이 오면
사람들도 하나 둘 유성처럼
바다로 첨벙 뛰어들어 바다가 된다.

해설

서정의 시선으로 보는 세상

— 강달수의 시세계

하상일 문학평론가 · 동의대 교수

서정의 시선으로 보는 세상
— 강달수의 시세계

하상일 문학평론가 · 동의대 교수

1. 서정의 시선視線/詩線

언젠가부터 우리 시는 서정의 본질과는 거리가 먼 방향으로 급격한 변화를 시도하고 있다. 서정의 존재 이유와 가치 자체를 부정하거나 외면하는 것은 아니라 할지라도, 전통적인 서정의 지위와 역할은 유효한 맥락을 잃었다는 데는 조심스럽게 동의하면서 시대의 변화 흐름에 부응하는 서정의 혁신 혹은 쇄신을 모색하고자 하는 것이다. 물론 이러한 서정의 갱신에 대한 논의는 변하는 것과 변하지 않는 것 사이의 시적 긴장을 보여주는 바람직한 담론의 장이라고 할 수 있다. 하지만 자칫 이러한 변화나 쇄신에 대한 강조가 서정의 본질 자체를 훼손하거나 변질시키는 것을 합리화하는 징후로 흘러가버린다면, 그것은 서정을 말하면서도 결국 서정을 왜곡하는 가짜 서정 담론이 될 수도 있음을 간과해서는 안 된다. 최근 들어 서정을 둘러싼 다양한 용어들이 변주되고 있는 데서 이와 같은 우려를 금할 수 없는 것이 사실이다.

잘 알다시피 서정은 주체와 세계의 동일성을 본질로 삼는 장르이다. 여기에서 동일성은 주체와 세계의 만남이 일체감을 형성하는 것으로, 각각의 자질과 특성을 의도적으로 소멸시켜 주체와 세계가 완전히 새로운 하나로 통합되는 미적 체험을 의미하는 것이다. 바슐라르의 전언에 따르면, 몽상하는 사람이 말을 할 때 누가 말하는 것인지를 구분하기 어려운, 그래서 주체가 말하는 것인지 아니면 세계가 말하는 것인지의 경계를 나누기 힘든 경지가 바로 서정의 동일성이다. 그렇다면 이러한 서정은 지금 왜 그 설자리를 크게 위협받고 있는 것일까? 그것은 결국 우리가 지금 급격하게 앞을 향해 달려가는 속도 경쟁의 시대를 살아가고 있고, 자본과 문명의 홍수 속에서 개인의 안위와 이익을 앞세우는 데 급급한 나머지 결코 잃지 말아야 할 것들을 무참히 잃어버리고 있기 때문이다. 하지만 이런 때일수록 근본적으로 서정은 자기반영 혹은 자기성찰의 속성을 가진다는 점에서 현실을 돌아보는 전략적 장치로 기능한다는 사실을 오히려 주목할 필요가 있다. 지금 서정은 반서정적 현실을 초극하는 역설의 시대정신으로 가장 현실적이고 비판적인 목소리를 부여받았다고 할 수 있는 것이다.

강달수의 세 번째 시집 『달항아리의 푸른 눈동자』는 이러한 모순된 현실 너머의 진정성 있는 세계를 꿈꾸는 서정의 시선視線 혹은 시선詩線을 뚜렷하게 부각하고 있다. 시인이 「시인의 말」에서 분명하게 밝혔듯이, “세상은 자유와 평화를 강조하지만, 지금 전 세계는 테러와 전쟁의 화염 속에 불타오르고 있고, 현대 자본주의는 평등과 분배를 외치지만 빈부격차는 더 양극화되어 죽음보다 더 고통스러운 삶을 살아가는 사람들이 늘어나는 시대"임을 정직하게 응시하면서, 이를 비판적으로 성찰하는 진정한 삶의 방향을 외치는 것이 바로 시인의 운명임을 절대 놓치지 않으려 하는 것이다. 그래서 그는 무엇보다도 시가 "생명의 글쓰기, 따뜻한 글쓰기"가 되기를 염원한다. 갈등과 대결의 시대를 넘어서 조화와 통합의 세계를 지향하는 마음으로부터 '서정'의 참 모습이 펼쳐진다고 굳게 믿고 있기 때문이다. 이처럼 강달수의 시는 서정의 시선이라는 일관된 시 정신에 바탕을 두고 자연과의 합일과 세계와의 조화를 꿈꾸고, 순수했던 과거의 기억을 현재적으로 서사화 하는 시간의식을 드러낸다. 그에게 서정은 지금 우리 현실을 구원하는 이상적 가치인 동시에 시론 혹은 시 창작론의 근원적 토대라고 할 수 있는 것이다.

2. 자연과의 합일과 세계와의 조화

강달수의 시는 유독 자연을 제재로 한 세계를 두드러지게 형상화한다. 자연 속에 흐드러지게 피어 있는 수많은 꽃들과 나무들 그리고 하늘을 수놓은 별과 내리는 눈과 비 등 그의 시에는 온통 자연을 바라보고 자연을 노래하는 시들로 가득 채워져 있다. 하지만 이러한 자연을 응시하는 시인의 시선은 단순한 관찰자의 태도에 머무르거나 피상적인 이해에 그치는 정도에서 멈추지 않는다. 그는 자연의 내부에 숨겨진 본질적 의미를 통찰함으로써 인간과 자연의 현실적 관계를 비판적으로 성찰하는 문제적 시선을 담아내고자 하기 때문이다. 대체로 자연의 파괴라는 문명의 위험성은 지나친 인간 중심주의에서 오는 것이라는 점을 주목하고, 이러한 인간적 가치의 폭력성과 위계적 시선을 경계하는 성찰적 태도를 문제적으로 형상화하는 데 초점을 두는 것이다.

낙타라고 목마르지 않은 것은 아니다
모래폭풍이 부는 사하라 사막
노을이 내 등위로 물 드는 사막길을
몇 백리 달려 도착한 오아시스
가죽에 물을 채운 후 왔던 길을 되돌아간다

오아시스를 찾지 못하면 인간들은
내 등에 갈무리된 물을 마시려고 혹을 베어낸다
평생 그들을 위해 걷고
등에 무거운 짐을 실었지만
인간들은 우리에게 단백질과 수분 섭취를 위해
수시로 내 혹과 몸통을 요구한다

하지만 사막도 죽음도
내가 낙타인 것도 운명이라 생각한다
결코 두려워하지 않고 두 개의 혹으로
기꺼이 홀로 사막을 밤새 걸어간다
모두 다 깊은 잠에 빠진 밤
차디찬 사막에 내리는 별빛을 밟으며,

잘근 잘근 긴 다리를 타고 올라오는

쓰디쓴 관절의 고통을 곱씹으며,
황량한 바람 부는 좁은 우리 속에서
못난 에미를 기다릴 어린 눈망울을 생각하며
아프고 지친 발걸음을 재촉한다.

—「쌍봉낙타」 전문

낙타와 인간의 대비를 통해 인간중심적 세계의 파괴성과 위험성을 부각하는 시이다. “낙타라고 목마르지 않은 것은 아니”지만, 인간은 오로지 자신의 목마름을 채우려는 욕망으로 낙타를 대상화할 뿐이다. “오아시스를 찾지 못하면 인간들은/ 내 등에 갈무리된 물을 마시려고 혹을 베어”내는 악행을 아무렇지 않게 자행하는 것이다. “평생 그들을 위해 걷고/ 등에 무거운 짐을 실었지만”, 이러한 낙타의 수고로움을 대하는 인간의 시선은 “단백질과 수분 섭취를 위해/ 수시로 혹과 몸통을 요구”하는 냉혹한 태도를 서슴지 않을 따름이다. 생명체로서의 동일한 시선은 처음부터 찾을 수 없고, 낙타를 바라보는 연민의 시선조차 어디에도 없다. 오로지 인간의 욕망을 채우려는 생존 본능으로 자연을 지배하려는 인간의식만이 드러날 뿐이다. 하지만 이와 같이 이기적인 인간의 태도에도 불구하고 낙타는 모든 것을 “운명이라 생각”하는, 그래서 냉혹한 자연의 질서조차 순응하며 받아들이려는 생명의 가치와 지향성을 드러낸다. 그래서 “쓰디쓴 관절의 고통” 속에서도 오직 “못난 에미를 기다릴 어릴 눈망울”을 떠올리는 모성성이라는 본연적 생명성을 잃지 않으려 하는 것이다. 이처럼 자연의 질서를 운명으로 받아들이며 순응하려는 낙타의 모습에서, 철저하게 인간중심적으로 변질된 반생명의 현실과 파괴와 죽임을 통해 구축되는 인간의 그릇된 욕망을 반성하지 않을 수 없다. 결국 이 시는 자본과 문명의 무한 속도 경쟁 속에서 자신의 욕망과 안위만을 추구하는 인간의 모습을 비판적으로 성찰하는 문제적 지향성을 보여주는 것이다.

이런 점에서 강달수의 시는 자연을 대상화하는 인간적 태도의 모순을 비판하는 일관된 시선을 갖기를 소망한다. 그가 자연을 바라보는 근본적 인식은 갈등과 대립이 난무하는 부정적 현실 너머의 근원적 통합의 세계를 지향하는 서정의 시선을 추구하는 것이다. 그의 시가 꽃과 나무와 같은 자연의 대상을 통해 인간과 자연의 교감이라는 정서적 일체감을 부각하는 데 집중하는 이유도 바로 여기에 있다. 그래서 그는 "사람도 나무가 될 수 있다면/ 한번 쯤 되어보고 싶은 나무"(「자작나무의 눈」)라고도 하고, "얼마나 서럽게 그리우면/ 붉은 눈물이 되었을까"(「진달래꽃」)라고 하면서 자연의 마음을 자신의 마음으로 내면화하기도 하며, "평생/ 이지러지지 않는 달이 되고/ 영원히 지지 않는 별이 되어라"(「타지마할, 그 영원한 사랑을 위하여」)라고 낯선 이방의 땅에서 자신의 운명을 소망하기도 한다. 그에게 자연은 더 이상 추상적 대상이거나 인간과 구분되는 관념적 사물에 불과한 것이 아니라, 온전히 자신과 하나로 통합되는 유기적 생명체로서의 모습임에 틀림없는 것이다. 따라서 그의 시는 동화assimilation와 투사projection라는 서정시의 동일화 원리를 일관된 창작 방법론으로 삼고 있다. 즉 의식적으로 세계를 자신의 내부로 이끌고 와서 그것을 내적 인격화하는 세계의 자아화와, 자신의 내면을 대상이나 세계에 상상적으로 투사함으로써 주체와 세계의 일체감을 이루는 감정이입의 방식을 두드러지게 사용하는 것이다. 이번 시집의 표제시 「달항아리의 푸른 눈동자」는 이러한 그의 창작 전략을 가장 상징적으로 그려내고 있어 특별히 주목된다.

목련꽃이 정물처럼 그려진 봄밤

칠흙 같은 세상, 환하고 훈훈하게 살고
모나고 비뚤어진 세상
둥글고 부드럽게 살아가라고
산과 들 위에 두둥실 떠오른 보름달

생명을 불어 넣은 백토 한 덩어리
달밤에 활활, 장작불 가마솥에 구워
봄이 무르익는 지상에 하사한
하느님의 선물

달빛처럼 환하고 토실토실한 그리움
하얀 살결위에 채색해 놓고
수줍게 벌어진 입술마저도 고귀한
백의민족의 순결

달항아리의 푸른 눈동자.
—「달항아리의 푸른 눈동자」 전문

화자는 “달항아리”라는 구체적 정물을 바라본다. 그 세계는 “목련꽃”이 “그려진 봄 밤”의 모습을 담아내고 있다. 항아리라는 정물의 세계 안에서 자연의 모습을 발견한 화자는, 그 밝고 환함과 대비되는 “칠흙 같은 세상”을 생각하고, 달처럼 둥근 항아리와는 달리 “모나고 비뚤어진 세상”을 안타깝게 떠올린다. 즉 대립과 갈등이 난무하는 사각형과 같은 각진 세상을 비판적으로 인식함으로써, “환하고 훈훈하게 살” 수 있고 “둥글고 부드럽게 살아”갈 수 있는 조화로운 세상을 꿈꾸는 것이다. 그래서 화자는 말 없는 정물과 그 속의 풍경화 같은 자연에 “생명을 불어 넣”고자 한다. “달밤에 활활, 장작불 가마솥에 구워”지는 아름다운 인고忍苦의 시간을 지나고 나면 비로소 “봄이 무르익는” “하느님의 선물” 같은 세상이 열리기를 간절히 염원하는데, 그 결과물이 바로 “달항아리의 푸른 눈동자”라고 인식하는 것이다. 사물과 자연과 인간이 온전히 하나가 되는 과정은, 모순된 현실 너머의 세계를 꿈꾸는, 그래서 자연과의 합일과 세계와의 조화를 지향하는 시인의 의식을 온전히 상징화하고 있다. “내 가슴에 푸른 잉크처럼 번지고 간/ 파랑 나비와의 운명적인 사랑”(「달개비꽃」)도 그러하고, “바람만 불어도/ 눈물이 그렁그렁한 소녀의/여리고 붉은/ 초경 같은 꽃”(「오동도 동백꽃」)도 같은 의미를 지닌다.

이처럼 그에게 자연은 자본과 문명을 추구해온 세속화된 인간이 반드시 회복해야 할 본질적인 장소이고, 결코 타협하지 않고 순응해야 할 운명적인 세계이며, 지금은 사라지고 잊혀진, 그래서 끝끝내 되찾아야 할 삶의 이정표임에 틀림없다. 그의 시가 오로지 서정의 시선으로만 세상을 바라보는 이유도 바로 이러한 문제의식을 추구하려는 일관된 시 정신의 결과이다. 아마도 그의 시가 현재를 말하되 앞을 바라보기 보다는 자꾸만 뒤를 돌아보는 시선을 보이는 것도 이 때문이 아닐까 싶다. 그는 사라지고 잃어버린 것들에 대한 남다른 애착을 갖고 있는 듯하다. 서정의 시선은 이러한 기억 속의 세계를 다시 회복하는 데 또 다른 본질적 지향이 있기 때문이다. 자연과 인간과 세계가 어떠한 대립과 갈등도 없이 온전히 하나로 통합되었던 총체성의 세계를 그리워하는 것, 그의 시는 이러한 시적 세계관에 근본적 바탕을 두고 기억을 서사화하는 현재적 시간의식을 드러내는 것이다.

3. 기억의 서사화와 영원한 현재

서정시의 본질적 시간은 현재이다. 자연이나 사물을 바라보는 순간적인 감정과 정서를 현재화하여 표현하는 것이 서정시의 시간의식인 것이다. 또한 과거의 일이든 미래의 소망이든 그것은 모두 현재의 순간에 통합되어 '영원한 현재'를 드러내는 것이 바로 서정시의 본질이다. 하지만 서정시의 표지가 현재시제로 구현된다 하더라도 근본적으로 서정은 뒤를 돌아보는 상상력에 절대적으로 기대고 있다는 점에서 현재보다는 과거를 지향하는 경우가 많다. 서정시가 자기성찰의 장르라 할 때, 그 성찰의 대상은 대체로 현재의 모순이기 일쑤이므로, 이러한 모순된 세계 이전의 추억 혹은 기억의 대상이나 세계를 그리워하는 회고적 시선이나 복고적 태도를 드러내는 경우가 많은 것이다. 이 때 과거의 모습은 현재의 모순을 넘어서는 성찰적 의미를 부각하기 위한 것으로, 단순히 과거의 대상으로만 존재하는 것이라기보다는 현재적 의미로 새롭게 호명된 기억이다. 즉 기억의 서사화라는 시적 전략은 전통적 과거의 복원이라는 고루한 답습이 아니라, 현재와의 대화적 관계로 새롭게 의미화되는 역사적 현재로서의 시대적 의미를 확보하게 되는 것이다. 강달수의 시에서 서정의 시선은 이러한 전략으로 과거의 기억을 호출함으로써, 현재를 비판적으로 읽어내는 새로운 시선을 발견하고자 한다. 그의 시가 유년 시절이나 청년 시절의 경험을 서사화하는 이야기적 구조를 두드러지게 드러내는 이유도 바로 여기에 있다.

내 어렸을 적, 차밭이 있던 마을 시냇가
매미 소리가 우루루 쏟아져 내리던
어느 여름날

햇살이 냇물을 간질이며 웃자
집게발을 치켜들고 싸우던 가재 두 마리가
은어들이 그렇게 말려도 멈추지 않던
쌈박질을 멈추고 큰 눈을 껌뻑거리며

흰 구름 떠 있는 하늘을 보며 햇살처럼 웃고
나는 시냇가 돌 틈에서 조막손 타는 줄도 모르고
깊은 낮잠에 빠져 들었다

그래도 그때는 나를 부르는 목소리가 있었고

따뜻한 고봉밥 해놓고 기다리던 어머님과
새끼줄에 수박 매달아 놓고 나를 기다리던 작은 우물이
있었다.

—「내 어렸을 적에」 전문

한 폭의 동양화에 나오는 시냇가의 풍경을 상상하게 만드는 시다. "가재 두 마리"의 "쌈박질"과 그 싸움을 말리는 "은어"의 이야기는 마치 동화의 세계를 보여주는 듯하고, "깊은 낮잠에 빠져들었"던 화자의 모습과 "따뜻한 고봉밥 해놓고 나를 기다리던" "어머니"는 한 여름날의 아름다운 추억을 담은 청소년소설의 한 대목을 떠올리게 한다. 하지만 이 이야기는 그저 상상 속의 이야기나 동화 속의 세계가 아니라 화자의 유년 시절 "차밭이 있던 마을 시냇가"에서의 경험을 담은 것이고, "매미 소리가 우루루 쏟아져 내리던/ 어느 여름날"의 기억을 서사화 한 것이다. 따라서 이 시의 서사적 상황은 사실로서의 과거의 경험임에 틀림없지만, 지금의 현실과는 거리가 먼 사라지고 잃어버린 세계의 모습을 닮았다는 점에서 한편으로는 동화적이고 상상적인 느낌을 지울 수 없는 것이다. 그렇다면 시인은 왜 이런 과거의 세계를 떠올리고 그리워하는 것일까? 그것은 바로 지금 우리가 마주한 현실 속에서는 거의 찾아볼 수 없는 멀고 먼 이야기가 되고 말았기 때문이다. 따라서 그는 유년 시절의 조화로운 세계를 다시 불러냄으로써 지금은 만날 수 없는 잃어버린 과거의 기억을 현재화하려는 시적 전략을 드러낸다. "그래도 그때는 나를 부르는 목소리가 있었"다는 데서, 지금 우리에게 진정으로 필요한 것은 따뜻한 공동체의 세계를 간직했던 그때 그 시절의 "작은 우물과 어머니"와 같은 존재라는 점을 특별히 강조하고자 하는 것이다. 강달수의 시에서 이러한 유년의 풍경이나 청년 시절 그리움의 대상에 대한 목소리는 이번 시집 곳곳에서 두드러지게 발견된다. 그것은 첫사랑의 대상으로 묘사되거나(「함박눈」), 사라진 옛 풍경을 아쉬워하는 목소리(「폐교」)로 형상화하고, 계절의 순환을 통해 지나간 시간의 풍경을 그리워하는 방식(「가을이 떠난 자리」)으로 구체화되기도 한다. 시인은 지금도 늘 "아름다운 청춘"의 시절을 그리워한다. "굶주리고 고통스러웠지만 참 따스하고 해맑은 시절"(「가을 상주해수욕장, 한 곡의 노래가 되다」)을 추억하고 기억하는 데서 그의 서정시는 더욱 빛을 발하는 것이다.

봄은 바람이 되어 푸른 하늘 열리는
철길 위로 기차처럼 달려오는가
봄은 파도가 되어 진달래 핀 철길 따라
꿈처럼 출렁거리며 다가오는가

지금 어디에서 무엇을 하고 있는지
이제는 곱디 고운 추억으로만 남아
해마다 진달래꽃 피는 봄만 되면
내게로 달려오는 소녀야

폐쇄된 철길 옆
이 몸서리치도록 화사하고 죽음보다 깊은
진달래꽃 덤불의 정적 속에서

너의 이름을 부른다.

—「봄, 송정역」 전문

모든 것이 개체화되고 파편화되어버린 세상의 한 가운데에서 화자는 "너의 이름"을 생각하며 잃어버린 세계와의 소통을 시도한다. 더 이상 철로의 기능을 할 수 없는, 생명이 다한 문명의 자리에도 "봄은 바람이 되어", "봄은 파도가 되어" 어김없이 찾아오는 것이 자연의 섭리이고, 그곳에 "곱디 고운 추억"을 떠올리는 "진달래꽃"도 당연히 봄을 알리며 찾아온다. 문명의 속도를 자랑하던 기차는 이제는 낡고 오래된 폐물이 되어 멈추어 버렸고, 그 자리를 지키던 역사驛舍도 사람도 모두 떠나버렸다. 하지만 모두가 떠나버린 그곳에도 봄은 찾아오고 진달래꽃은 피어나 지나가는 사람들의 발길을 붙들고 추억 속의 "소녀"를 그리워하게 만드는 것이 자연의 숭고함이다. "폐쇄된 철길 옆/ 이 몸서리치도록 화사하고 죽음보다 깊은/ 진달래꽃 덤불의 정적"에 담긴 시적 긴장은, 과거와 현재를 뛰어 넘는 영원한 현재로서의 서정시의 아름다움을 깊이 있게 드러낸다. 시인이 간절히 부르는 "너의 이름"은 "지금 어디에서 무엇을 하고 있는지" 알 수 없지만, 그 이름을 끝끝내 잊어버리지 않고 불러보는 데서 그의 서정시는 더욱더 성숙한 아름다움을 형상화해낼 수 있을 것임에 틀림없다.

4. 대결을 넘어서 통합의 세계로

강달수 시인은 먼저 발간한 두 권의 시집 『라스팔마스의 푸른 태양』(동림출판사, 2003), 『몰디브로 간 푸른 낙타』(푸른별, 2014)에서부터 서정의 시선을 일관되게 유지해 왔다. 그의 서정은 세계와의 대결을 두려워하거나 어설프게 타협하는 나약한 모습을 거부한다는 데서 문제적이다. 누구보다도 현실 가까이에서 당면한 세상의 모순을 정직하게 바라보는 그의 시선은, 표면적으로는 현실과의 불화를 전제하고 출발한다는 점에서 서정과는 어울리지 않는다고 볼 수도 있다. 하지만 이와 같은 세상과의 불화는 그의 시가 건강하고 성숙한 서정의 자리를 지키는 주춧돌이 된다. 세계와의 대결을 가로질러 통합의 세계로 나아가는 것이야말로 오늘날 서정시가 존재해야 할 이유를 분명하게 보여준다고 할 수 있기 때문이다. 그가 "큰 눈 내리는 날은 온 세상이 평등해 집니다"라고 말하는 것이나, "외로운 눈발들은 서로를 껴안고 눈물을 흘리며 하얗게 녹아내립니다"(「대설」)라고 말하는 것은, 대결의 시대를 넘어선 통합의 세계를 갈망하는 서정 시인으로서의 책무를 온전히 감당하기 위함이다. 지금 서정이 필요한 것은 전통적 복고의 차원에서 정서의 회복을 위한 것이라기보다는, 모순된 현실을 비판적으로 성찰하는 통합적 세계관이 절실하게 요구되는 시대적 소명 때문이다.

지금 시는 이 세상에서 어떤 의미를 가지는 것일까 하는 새삼스러운 질문을 던져 본다. 가장 밀도 있는 언어의 긴장을 보여주는 것이 시라는 점에서 언어의 구조화가 시의 또 다른 본질이 되는 것은 분명하지만, 언어의 형식과 구조를 지나치게 강조한 나머지 그것을 공유하는 공동체적 기반을 자칫 도외시하고 있는 것은 아닌지 적잖이 우려가 되는 것이 사실이기 때문이다. 모두가 서정을 말하고는 있지만 무수한 변종들이 서정임을 강조하는 상황에서, 진정으로 서정의 본질은 '다른 서정'들이 내세우는 새로움의 미학 앞에서 늘 낡고 오래된 것으로 폄하되기 일쑤이다. 하루가 다르게 변해 가는 세상의 모습에 무감각하게 대응하는 고루한 태도도 문제지만, 그렇다고 해서 무조건 변화만을 추구하는 새로움의 허위성은 더더욱 경계해야 한다. 어쩌면 서정은 변화의 시대에 변하지 않는 중심을 지켜내는 역설적 정신으로부터 참된 가치를 구현해낼 수 있을지도 모른다. 강달수의 이번 시집은 이러한 서정의 시선을 뚝심 있게 밀고 나가는 힘을 발견할 수 있어 미덥다. 다만 그가 바라보는 현실이 때로는 표피적이고 피상적일 때도 많아서, 보이는 현실 너머의 보이지 않는 세계를 중층적으로 탐색하는 시선이 다소 아쉬움으로 다가온다. 이 세계를 비판한다는 것은 은폐되고 왜곡된 표층적 현실 이면의 숨겨진 진실을 찾아내는 데 가장 중요한 문제의식이 있어야 할 것이다. 지금 서정은 이러한 이면의 진실을 내적으로 파고드는 깊은 통찰력이 그 어느 때보다 필요하다. 대결을 넘어서 통합의 세계로 나아가는 서정의 시선은 "때론 그 그리움이 시퍼런 칼날이 되"(「겨울, 다대포해변, 그리움 1」)는 날카로운 시적 긴장의 세계를 가져야 한다는 사실을 결코 외면해서는 안 될 것이다.

강달수

강달수 시인은 경남 남해에서 출생하여 동아대학교 법학과를 졸업하고 동 대학원 문예창작학과 석사과정을 졸업하였다. 덕명정보여고(현 부산마케팅고) 교사와 (사)한국여성 인적자원개발원 강사, 부산예총 기업체파견 문학 강사, 영호남문인협회 시창작지도 강사와 가야문학회장, 화전문학회장, 국제펜클럽 부산지역 부회장을 역임하였고 현, (사)부산광역시인협회 부이사장과 김민부문학제 운영위원장, 사하문화연구소장, 을숙도문학회장, 빈에듀컬쳐 의정연수 전문강사로 활동하고 있다.
1997년 『심상』신인상 수상으로 등단하였으며, 한국꽃문학상(우수상)과 영호남문학상(우수상)을 수상하였다. 시집으로는『라스팔마스의 푸른 태양』,『몰디브로 간 푸른 낙타』와 금번에 출간한 세 번째 시집『달항아리의 푸른 눈동자』가 있다.

이메일 : saha3838@hanmail.net

강달수 시집

달항아리의 푸른 눈동자

발　　행　2018년 10월 1일
지 은 이　강달수
펴 낸 이　반송림
편집디자인　김지호
펴 낸 곳　도서출판 지혜
　　　　　계간시전문지 애지
기획위원　반경환 이형권 황정산
주　　소　34624 대전광역시 동구 선화로 203-1, 2층 도서출판 지혜 (삼성동)
전　　화　042-625-1140
팩　　스　042-627-1140
전자우편　ejisarang@hanmail.net
애지카페　cafe.daum.net/ejiliterature

ISBN : 979-11-5728-299-9 03810
값 10,000원

* 본 도서는 2018년 부산광역시, 부산문화재단 지역문화예술특성화지원 사업으로 지원을 받았습니다.